DIE UNVOLLKOMMENHEIT DES VÖLKERRECHTS

REDE, GEHALTEN AM HUNDERTJÄHRIGEN GRÜNDUNGSTAG DER RHEINISCHEN FRIEDRICH-WILHELMS-UNIVERSITÄT ZU BONN, 18. OKTOBER 1918, VON DEM DERZEITIGEN REKTOR

ERNST ZITELMANN

MÜNCHEN UND LEIPZIG
VERLAG VON DUNCKER & HUMBLOT
1919

By

Alle Rechte vorbehalten.

Altenburg
Pierersche Hofbuchdruckerei
Stephan Geibel & Co.

Die hier zum Abdruck gelangende Rede ist in ihren politischen Ausführungen am Beginn und Schluß durch die Ereignisse überholt. Wenn sie trotzdem veröffentlicht wird, so geschieht das der Gelegenheit wegen, bei der sie gehalten worden ist. Diese Druckschrift bildet in gewissem Sinne ein kleines geschichtliches Denkmal: sie ist das einzige öffentliche Zeugnis davon, wie und in welcher Stimmung die Universität Bonn den hundertjährigen Gedenktag ihrer Gründung begangen hat. Und darum mag sie manchem zur Erinnerung an diesen Tag willkommen sein, haben ja doch unzählige alte Bonner Studenten der Jahrhundertfeier in freudigster Erwartung eines heiteren Festes entgegengesehen, eines Festes, an dem sie mit Stolz ihre Zugehörigkeit zu unserer Hochschule betätigen und die Erinnerung froher Jugendtage neu erstehen lassen wollten. Jetzt wissen wir, daß die Vollendung des Jahrhunderts zugleich den Abschluß unseres heiteren ungestörten Glückes bildet. Was die nächste Zukunft bringen wird, ist dunkel.

Wir werden uns der Demütigung beugen müssen, feindliche Besatzung bei uns zu dulden. An ein frohes Fest ist nicht mehr zu denken.

Aber wir werden Mut behalten. Wichtiger als je vorher ist die Aufgabe, die gerade unsere Hochschule zu erfüllen hat. Sie soll in der Zeit der Fremdherrschaft als eine Hochburg deutschen Geisteslebens dem Rheinland im Sinne unseres Ernst Moritz Arndt seine Deutschheit bewahren und vertiefen helfen. Sie soll in der Zeit der größten staatlichen Umwälzungen der rheinischen Jugend die wissenschaftlichen Grundlagen für das geschichtliche und politische Verständnis der Erscheinungen vermitteln und sie dadurch befähigen, Bildner einer besseren Zukunft zu werden.

Auf diese Zukunft hoffen und vertrauen wir, und darum werden wir alle hier weiter unsere Pflicht tun, solange uns die Möglichkeit dazu gelassen wird.

Als Zeugnis solcher Gesinnung möge diese Schrift den einstigen und den jetzigen Kommilitonen die Größe der Universität bringen.

Geehrte Gäste, teure Kollegen, werte Kommilitonen!

Unsere liebe Universität vollendet heute ihr einhundertstes Lebensjahr. Am 18. Oktober 1818 gab König Friedrich Wilhelm III. in Aachen den Kabinettsbefehl, durch den die Rhein-Universität — so hieß sie in der Folge — ins Leben gerufen wurde. Anders haben wir und mit uns Tausende und Zehntausende alter Bonner Studenten, die mit inniger Liebe an ihrer einstigen akademischen Heimat hängen, anders haben wir alle einst gedacht, diesen Tag begehen zu können; ein Tag des Jubels und der Freude, so meinten wir, würde es sein. Doch »ein altes Wort bewährt sich leider auch an uns«: man darf den Tag nicht vor dem Abend loben. Dieses erste Jahrhundert unserer Universität ist uns, von einigen Schwankungen abgesehen, als ein glücklicher heller Sonnentag vergangen. Das Schicksal unserer Hochschule ist mit dem unseres Staates untrennbar verknüpft. Gegründet zur Zeit seiner Neugeburt nach dem Elend der Franzosenzeit ist unsere Hochschule an der Sonne, die über dem Schicksal Preußens leuchtete, gereift. Aus dem damaligen Staat ist das mächtige Reich erwachsen, und wir sind aus einer kleinen Hochschule mit nur einer Handvoll von Lehrern und Studenten zu einer ganz großen Universität, zur drittgrößten des Reichs mit etwa 7000 eingeschriebenen Studenten, geworden. Wir dachten nun, der Weg, den unser Staat zurückzulegen habe, würde immer weiter in die Höhe führen. Da hat sich am Ende dieses Jahrhunderts der Himmel in blutige Röte getaucht, und jetzt ist auf allen Seiten schwarzes Gewölk aufgezogen. Unser Staat, unser Vaterland, unser deutsches Volk muß in einem ungeheuren Krieg sein Daseinsrecht verteidigen. Fürchterlich sind die Opfer an teuerstem Blut, die wir gebracht haben und noch immer bringen müssen. Viele von uns, die hier anwesend sind, tragen unstillbares Leid um verlorenes Glück. Manche unserer Kollegen und viele Hunderte unserer Studenten sind den Tod fürs Vaterland gestorben, und den fast 6000 unserer Studierenden, die auswärts unter Waffen oder im vaterländischen Hilfsdienst stehen, sind unwiederbringliche Jahre ihrer Jugend zerstört worden. Das alles ließ sich ertragen, denn dafür hatten wir die Hoffnung, daß der Friede, den wir erkämpfen würden, der Opfer wert sein werde. Nun aber ist in den letzten Wochen, für fast alle von uns jäh und unerwartet, ein Umschwung des Kriegsglücks eingetreten. Mit tiefem Schmerz müssen wir unsere Hoffnungen auf einen glücklichen und erfolgreichen Abschluß des Krieges verloren geben. Wir müssen der Wahrheit kühl ins Auge sehen: es handelt sich jetzt nur darum, zu retten, was noch zu retten ist. Die Röte zorniger Scham steigt uns ins Gesicht, wenn wir bedenken, zu wie demütigenden Schritten wir uns schon haben entschließen müssen, und noch mehr, wenn wir sehen, wie Haß und Übermut der Feinde sich an der Person unseres erhabenen Kaisers, des sichtbaren Ausdrucks unserer nationalen Ehre, vergreifen möchten, an ihm, dessen Gestalt gerade in den letzten Wochen durch die schlichte Größe, mit der er selbstlos Opfer auf Opfer bringt, riesengroß emporgewachsen ist. Wir wollen jetzt nicht fragen, wer die Schuld an dem Umschwung unseres Schicksals trägt. Es ist noch zu früh dazu. Wohl jedem, der bei ernster Selbstprüfung sagen kann: ich habe meine Pflicht vollauf getan, und Jammer über den, der sich selbst des Gegenteils schuldig bekennen muß. Denn das Leben ist der Güter höchstes nicht, der Übel größtes aber ist die Schuld.

Aber noch liegt kein Grund vor, zu verzweifeln. Nicht in solcher Stimmung wollen wir diesen Gedenktag begehen. Nein, wir wollen uns aufrichten und unsere Seelen erheben. Wir tun das, indem wir der Worte aus dem Epimenides gedenken:

> Komm, wir wollen Dir versprechen
> Rettung aus dem tiefsten Schmerz,
> Pfeiler, Säulen kann man brechen,
> Aber nicht ein freies Herz.

Zuerst dürfen wir nicht vergessen, daß wir auch Grund haben, stolz zu sein. Unsere Waffenehre ist gewahrt. Seit über vier Jahren bieten wir fast der gesamten bewohnten Welt die Stirn. Wenn ihre Übermacht an Menschen und vor allem an Kriegsgerät uns jetzt an einzelnen Stellen zurückdrängt, so kann das niemand verwunderlich sein. Verwunderlich ist nur, daß wir so lange haben widerstehen können. Schon jetzt weiß man das außerhalb Deutschlands, und man wird es noch mehr wissen, wenn erst die Wolke von Lüge und Verleumdung, mit denen unsere Feinde die Welt umnebeln, gelichtet sein wird. Bis in die spätesten Zeiten werden die Heldenlieder von deutschem Mut und deutschem Opfersinn in diesem Kriege erklingen.

Und darum müssen wir auch dankbar sein. Immer wieder müssen wir dem tiefen und bewundernden Dank Ausdruck geben für unsere Brüder und Väter und Söhne, die da draußen in Not und Gefahr die deutsche Fahne hochhalten, und die es fertig gebracht haben, uns wenigstens hier im Westen den Krieg im eigenen Lande zu ersparen. Jeder, der auch nur die kürzeste Zeit draußen im Kampfgebiet gewesen ist und die zerstampften Fluren, die vernichteten Gärten, die niedergebrannten Dörfer und Städte gesehen hat, die klagenden und verängsteten Einwohner, all den unendlichen Jammer und das Elend, das der Krieg über die Landschaft und ihre Bevölkerung bringt, der weiß zu ermessen, wie unausdrückbar viel es wert ist, daß der Krieg unseren Grenzen ferngehalten ist. Und gerade wir in Bonn wollen doch immer wieder bewußt daran denken, daß unsere schöne rheinische Stadt nur wenige Meilen von der feindlichen Grenze entfernt liegt, und daß, während im feindlichen Lande die Geschütze immer noch donnern, wir hier in tiefer Ruhe wie zur Friedenszeit den akademischen Gedenktag begehen können.

Dieser Dankbarkeit geben wir alle am besten dadurch Ausdruck, daß wir auch in dieser schwersten Zeit **Mut und Entschlossenheit** bewahren. Gerade die Hochschulen sind verpflichtet, hierbei ein Beispiel zu geben. Niemals war uns solcher Mut nötiger als gerade jetzt. Noch steht Deutschland aufrecht. Noch immer hat es eine furchtbare Stärke, es braucht nur zu wollen, und es ist gerettet. Verloren ist es erst dann, wenn es sich selbst verloren gibt. Auch die Feinde bedürfen dringend des Friedens und werden sich hüten, uns zum Äußersten zu treiben. Dem mutigen und entschlossenen Deutschland gegenüber werden sie zu einem billigen Übereinkommen bereit sein, ein schlaffes und haltloses werden sie aufs äußerste knechten. Solche Entschlossenheit müssen wir ihnen zeigen, aber wir müssen sie auch wirklich besitzen: wir müssen fest entschlossen sein, den Krieg bis aufs letzte weiterzuführen, wenn sie von uns verlangen, was wir mit unserer Ehre nicht gewähren können. Nur so sind wir unserer großen Ahnen und des Blutes unserer Söhne, das für uns vergossen ist, würdig. Wir alle müssen zu jedem Opfer bereit sein; besser ist es, in Ehren unterzugehen, denn in Unehren zu leben als ein Volk gedemütigter Sklaven unter fremder Peitsche. Ein jeder von uns an seiner Stelle muß versuchen, diesen Geist fester Entschlossenheit auf alle ausströmen zu lassen, mit denen er in Verbindung kommt, damit auch die Schlaffen und Haltlosen wieder aufgerüttelt und stark werden. Das ist das sicherste Mittel, unsere Front zu stärken. Denn durch tausend feine Kanäle wirkt der Geist der Heimat auf den des Heeres da draußen ein, und ein jeder, der hier zu Hause den Kopf hängen läßt und trübe redet, beeinträchtigt die Kampfkraft des Heeres draußen. Darum: wer sich selbst schuldig bekennen muß, durch frühere trübe Stimmung, durch Mangel an Zuversicht, durch Mißmut und banges Klagen über die kleine Heimatnot den heutigen Zustand der Gefahr mit herbeigeführt zu haben, der kann jetzt seine Fehler wieder gutmachen. Er richte sich selbst auf, und er richte andere auf.

Mit dieser Entschlossenheit muß sich ein festes Vertrauen auf Deutschlands Zukunft paaren. Wie auch der Friede ausfallen möge, Deutschland wird nicht untergehen. Noch ist die Götterdämmerung nicht da. Wir dürfen das gläubige Vertrauen hegen, daß das Volk Kants, Beethovens und Goethes und der Staat des Großen Friedrich, Steins und Bismarcks noch seine große Rolle in der Geschichte spielen wird. Die Welt würde arm und dunkel, wenn das Licht deutschen Geistes darin erlöschte, und wir wollen an die Vernunft der Geschichte glauben. Dieses gläubige Vertrauen wird uns auch die Kraft geben, mit Freudigkeit mitzuarbeiten an den großen Aufgaben, die uns die Zukunft stellen wird. Diese Aufgaben sind gewaltig. Denn in Sieg oder Niederlage: es gilt jedenfalls, ein neues Deutschland, ja eine neue Welt aufzubauen. Unendlich viel ist auf allen Seiten zu schaffen. Zuerst und vor allem bedarf es einer sittlichen Erneuerung unseres ganzen Volkstums. Schon in den letzten Jahrzehnten ist nicht alles in Deutschland so gewesen, wie es hätte sein sollen. Ein Geist der Weichlichkeit und Kleinlichkeit, der Ichsüchtelei, des Parteihaders und der Nörgelsucht, eine wilde Profitgier und Genußsucht, eine Überschätzung der Äußerlichkeiten, eine Anbetung des Erfolgs und eine Herabminderung der Geistigkeit sind durch manche Teile unseres Volkes gegangen. Wenn das Unglück, das wir jetzt erleiden, uns zu einer innerlichen Einkehr bringt, so wollen wir es trotz aller Trauer segnen.

Und dann muß alles das an geistigen und äußeren Gütern, Werten und Beziehungen neu aufgebaut werden, was in diesem Krieg zerstört worden ist. Wir leben ja wie in einem Trümmerfelde. Unseren Studierenden, als den geistigen Führern der kommenden Jahrzehnte, wird ein großer Teil dieser Arbeit beschieden sein, und darum muß dies alles gerade hier betont werden.

Endlich hat auch das, was von der Welt noch stehen geblieben ist, ein ganz anderes Aussehen gewonnen, so daß wir uns manchmal wie aus einem Schlaf erwachend die Augen reiben und fragen müssen, wo wir denn sind. Wir müssen uns erst neu zurechtfinden lernen. Teils ist die Welt wirklich umgestaltet worden — in geradezu rasender Beschleunigung drängen sich ja die wirkenden Ereignisse: ich brauche nur auf die grundstürzende Neuordnung unserer innerpolitischen Verhältnisse hinzuweisen —; teils haben wir in der harten Schule dieser Jahre gelernt, die Wirklichkeit klarer, echter, wahrhafter zu sehen. Wir Deutsche sind ja in gewisser Beziehung immer noch das Volk der Träumer geblieben, wir haben in Einbildungen — ach in wie vielen! — gelebt, die wir jetzt mit Schmerzen haben aufgeben müssen. Wir glaubten uns beliebt und geachtet bei allen Völkern, wie wir stets gegen sie wohlwollend und beflissen, oft allzu beflissen gewesen sind. Und dann erlebten wir plötzlich in ratlosem Erstaunen das Seltsame, daß uns aus all den Augen der Völker um uns herum Verkennung, Mißdeutung, Verachtung, Abneigung, ja sogar grinsender Haß entgegenstarrte. Wir glaubten, auch in der Politik hätte Liebenswürdigkeit, Zuvorkommenheit, Selbstlosigkeit ihren Wert, und wir mußten sehen, daß jede, wirklich jede unserer Liebenswürdigkeiten nur höhnischen Undank zur Folge hatte. Wir glaubten, daß das Menschengeschlecht allmählich seine sittlichen Eigenschaften entwickelt habe — und wilder haben niemals Lüge und Verleumdung und Wortbruch und Niedertracht jeder Art ihre schmählichen Feste gefeiert als jetzt. Wir glaubten, aus dem immer steigenden Verkehr der Völker miteinander habe sich allmählich ein fester Schatz völkerrechtlicher Sätze entwickelt, der ein Zusammenleben der Völker auf dem Fuße der Gleichheit ermögliche und, wenn doch ein Krieg ausbräche, seine Schrecken mildere und seine Folgen eindämme. Und nun hat sich seit Kriegsausbruch ein Stück nach dem anderen von dieser zwischenstaatlichen Ordnung als wirkungslos erwiesen und ist achtlos beiseite geworfen worden. Gerade dieser Täuschung über das Völkerrecht sind allerdings auch die anderen Völker, wenigstens auf dem europäischen Festland, erlegen, nur die Angelsachsen haben, so scheint es, auch hier kühler gedacht.

Aber wie ist das möglich gewesen? Wie ist es zu erklären, daß sogar die Juristen — ich nehme mich selbst nicht aus — sich so vielfach über die Macht und die Tragweite des Völkerrechts haben täuschen können? Es beruht im letzten Grunde darauf, daß es, so viel auch über Völkerrecht in den verschiedenen Ländern geschrieben worden ist, doch an einer in die Tiefe gehenden und unerschrockenen juristischen Durchdringung seiner letzten Fragen gefehlt hat. Das ist aber wieder eine von den großen Erfahrungen dieses Krieges, daß es sich in allen Dingen des Gedankens rächt, wenn man die theoretischen Grundlagen vernachlässigt, während umgekehrt das scheinbar ganz unpraktische, ganz weltabgewandte theoretische Denken es ist, das plötzlich die größten praktischen Erfolge ermöglicht. Wir haben das Völkerrecht geschichtlich und politisch, auch allgemein philosophisch, aber nicht genug juristisch behandelt. In der juristischen Theorie fehlt, gerade was die Grundlagen des Völkerrechts angeht, noch viel. Sonst würden wir längst wissen, daß das Völkerrecht in Wahrheit von allen Rechtszweigen der weitaus unvollkommenste ist.

Seine Unvollkommenheit besteht vor allem in der großen Dürftigkeit seines Inhalts — es gibt nur verhältnismäßig wenig Völkerrechtssätze. Diese Behauptung klingt allerdings überraschend angesichts der vielen im Inland und Ausland erschienenen dickleibigen Lehrbücher, die ausgeführte und überall wohlversehene Systeme des Völkerrechts enthalten. Aber hier muß zunächst ein großes Mißverständnis beseitigt werden.

Wir gebrauchen das Wort Recht in einem doppelten Sinne, auf den ich hier aufmerksam machen muß, im Sinne von Rechtssatz und im Sinne von Berechtigung. Wenn ich sage, daß hier in Bonn bis zum Jahre 1900 französisches Recht gegolten hat, so meine ich mit »Recht« Rechtssätze, das sogenannte objektive Recht. Wenn ich sage, daß ich das Recht habe, zu dieser Stunde von dieser Stelle im Namen der Universität zu sprechen, so meine ich damit eine Berechtigung, ein subjektives Recht. Unsere Rechtssysteme sind nun ihrem Begriffe nach geordnete Darstellungen des objektiven Rechts, sie geben den Inhalt der Sätze wieder, die anordnen, daß immer, wenn sich einmal gewisse Tatsachen so oder so verwirklichen sollten, eine bestimmte rechtliche Behandlung Platz greifen müsse, nicht aber beschäftigen sie sich mit den auf Grund dieser Rechtssätze wirklich eingetretenen Rechtsverhältnissen, insbesondere den Berechtigungen. Die Darlegung zum Beispiel, welche Verträge tatsächlich vom Kohlensyndikat mit den Abnehmern geschlossen worden sind, oder wie weit hier in Bonn an der Rheinfront Dienstbarkeiten auf den

Häusern liegen, die es verbieten, dem Nachbarn die Aussicht zu verbauen, gehört nicht in die Rechtssysteme hinein, sondern könnte höchstens in einer Beschreibung der tatsächlichen Verhältnisse, wie sie hier herrschen, Platz finden.

Auch im Völkerrecht gibt es selbstverständlich diesen Unterschied zwischen Berechtigung und Rechtssatz, wenn auch die Trennung und Unterscheidung beider aus hier nicht darzulegenden Gründen im Völkerrecht viel schwieriger ist als etwa im bürgerlichen Recht. Unsere Völkerrechtssysteme sind nun aber gerade dadurch angeschwollen, daß sie auch die einzelnen Rechtsverhältnisse, die zwischen bestimmten Staaten auf Grund von Verträgen oder Herkommen bestehen, darstellen. Scheidet man dies aber aus, so wird man rasch sehen, daß das, was an allgemeinen Sätzen übrigbleibt, an den Sätzen also, die allein Rechtssätze sind und Anspruch auf Stellung im System haben, verhältnismäßig sehr gering ist, wenigstens, wenn man es mit dem Begriff des Rechts streng nimmt und das fortläßt, was sich nicht wirklich als geltendes Recht ausweisen kann.

Wie erklärt sich das? Um hier klar zu sehen, ist ein kurzer Überblick über die Quellen, aus denen das Recht entspringt, notwendig. Da ist man nun überall einig: Recht ist nur das, was durch einen bewußten Willensakt als Recht geschaffen ist, gesetztes Recht, und das, was tatsächlich als Rechtssatz dauernd geübt worden ist, Gewohnheitsrecht. Warum diese beiden Rechtsquellen als solche anerkannt werden, brauche ich hier nicht zu erörtern: es genügt die Tatsache.

Zunächst das Recht, das durch Willensakt gesetzt ist. Wessen Willensakt ist hier entscheidend? Da tritt nun ein großer Unterschied hervor. Recht ist Anforderung, Gebot. Will man anderen Gebote geben und nimmt man für diese Gebote Geltung in Anspruch, so muß man in irgendeiner überragenden Stellung sein, in der Stellung, befehlen zu können, das heißt: wo im Zusammensein der Menschen bereits eine Herrschaft einzelner Personen begründet ist, da entsteht das Recht durch den Willen dessen, dem die Herrschaft zukommt, es ist Herrschaftsrecht. Alles Recht im Staate ist darum seiner Natur nach, soweit es bewußt geschaffen ist, Herrschaftsrecht; denn mit dem Staat ist auch eine Staatsgewalt, eine Herrschaft da. Wo aber die Herrschaft fehlt, wo eine Gemeinschaft von freien, an sich durchaus selbständigen und unabhängigen Personen tatsächlich begründet worden ist, da kann die erforderliche Ordnung nur durch den übereinstimmenden Willen der einzelnen entstehen, die sich gegenseitig binden. Wenn Farmer, die in den fernen Urwald gezogen sind, sich dort auf herrschaftslosem Gebiet eine neue Heimat gründen und sich dann bewußt werden, daß auch für sie eine

Ordnung irgendeiner Art ersprießlich ist, so können sie diese nur herstellen, indem sie eine Vereinbarung miteinander treffen. Denn ein einzelner, der eine Herrschaft über die anderen ausüben und Befehle geben könnte, ist nicht vorhanden. So steht es nun auch zwischen den souveränen Staaten. Auch hier bedarf es eines Abkommens, einer Vereinbarung, damit Recht zwischen ihnen geschaffen wird. Der Wille eines einzelnen Staates für sich kann nicht genügen. Wohl kann der einzelne Staat sich durch seinen einseitigen Willensakt in dem Sinne binden, daß er sich Pflichten gegen andere Staaten auferlegt, aber Rechte kann er sich ihnen gegenüber nicht einseitig beilegen. Sätze, durch die er das tut, können für seine eigenen Behörden und im Verhältnis zu seinen eigenen Staatsangehörigen verbindlich sein, für die anderen Staaten sind sie es nicht. Will man auch solches Recht Völkerrecht nennen, so muß man sich doch bewußt bleiben, daß es kein Recht zwischen den Staaten, sondern nur ein einseitig verbindliches Recht, also kein Völkerrecht im echten Sinne ist. Man kann kurz sagen: einzige Quelle der Setzung echten Völkerrechts ist das Abkommen zwischen den Staaten, also der Völkerrechtsvertrag. Wir begegnen dem völkerrechtlichen Vertrag hier zum zweitenmal, schon oben war von ihm die Rede. Sieht man sich die außerordentlich umfangreichen, viele Hunderte von Stücken enthaltenden Sammlungen von Völkerrechtsverträgen an, so wird man es wieder kaum verstehen, wenn ich sage, sie enthalten wenig Recht. Unserem Bergbohm haben wir einst die Erkenntnis verdankt, daß es Völkerrechtsverträge von zweierlei Art gibt: Verträge über einzelne Rechtsverhältnisse zwischen zwei Staaten und rechtsetzende Verträge. Nur von den letzten ist aber, wie gesagt, hier die Rede. Und sie sind eben verhältnismäßig gering. Das läßt sich wohl begreifen. Denn noch immer stehen sich heute die Staaten trotz allen Freundschaftsbeteuerungen und sogar Bündnissen mit dem Bewußtsein eines stillschweigenden Krieges aller gegen alle gegenüber. Jeder Staat mißtraut dem anderen und besorgt darum auch, daß ihm der Rechtssatz, den der andere Staat durch Vereinbarung einzuführen vorschlägt, zum Schaden gereichen möge, jedenfals fürchtet er immer, seine Handlungsfreiheit für die Zukunft einzuschränken. Das Bewußtsein der Zusammengehörigkeit der Staaten durch die Gemeinsamkeit der Kulturaufgaben ist immer noch recht gering. Dankbar müssen wir anerkennen, daß es vor dem Krieg trotzdem gelungen war, eine ganze Reihe solcher Kulturverträge fertigzustellen, ich nenne als Beispiele nur die Vereinbarungen über das Urheber- und Erfinderrecht, über das Verkehrsrecht und das Zwischenprivatrecht; aber gegenüber dem ungeheuren Bereich der gemeinsamen Aufgaben ist das doch sehr gering. Noch schwieriger ist es gewesen, zu Vereinbarungen über den Krieg zu kommen. Zu nennen sind hier einmal das Genfer Abkommen über die Behandlung der Verwundeten und Kranken im Kriege, sodann die verschiedenen Abkommen der sogenannten beiden Haager Friedenstagungen von 1899 und 1907, deren Abhaltung — eine grausame Ironie der Weltgeschichte — der letzte russische Zar veranlaßt hat. Aber mustert man die mancherlei Abkommen dieser Tagungen durch, so kann man rasch inne werden, wie außerordentlich dürftig sie doch dem Inhalt nach sind. Das hat auch die Erfahrung in diesem Kriege fortdauernd gelehrt. Es kommt hinzu, daß keineswegs alle Staaten bei allen Abkommen beteiligt sind, vielmehr fehlen immer einzelne Staaten, und ganz ins Ungewisse wird der Wert dieser kriegsrechtlichen Verträge dadurch gestellt, daß sie fast durchgängig die sogenannte Allbeteiligungsklausel enthalten, die Klausel nämlich, daß, wenn nicht alle an dem Krieg beteiligten Staaten auch an dem Abkommen beteiligt sind, das Abkommen für keinen von allen gilt. Streng genommen gelten darum in diesem Kriege die Haager Verträge überhaupt nicht.

Als zweite Quelle für die Entstehung von Recht ist überall die Gewohnheit anerkannt: wie innerhalb eines Staates ein Satz dadurch zum Rechtssatz wird, daß er tatsächlich längere Zeit hindurch als Rechtssatz geübt ist, so ist es auch im Verhältnis der Staaten zueinander. Doch ist hier vieles zweifelhaft und ungeklärt: die ganze Lehre vom Gewohnheitsrecht bedarf für die zwischenstaatlichen Verhältnisse einer erneuten eindringenden Durchprüfung. Wie weit schafft der Gebrauch auch für und gegen einen Staat Recht, der an dem Gebrauch nicht beteiligt gewesen ist, weil sich bei ihm ein solcher Fall noch nicht ereignet hat? und wie groß muß die Mehrheit der Staaten sein, die den Satz geübt haben, damit er zum allgemeinen Recht werde? Oder wenn man so streng ist und jeden Staat nur durch einen solchen Gebrauch gebunden sein läßt, der bei ihm selbst vorgekommen ist, muß man nicht doch anders urteilen, wenn es sich um neu entstehende Staaten handelt? Die Frage hat gerade in der gegenwärtigen Zeit, wo eine ganze Reihe neuer Staaten im Entstehen begriffen ist, ihren besonderen Wert. Muß man nicht sagen, daß der Staat, der sich neu bildet, von selbst in die bestehende Rechtsgesellschaft der Staaten eintritt und darum auch die hier schon durch Gebrauch gebildeten Sätze gegen sich gelten lassen muß? Damit käme dann freilich ein seltsamer Unterschied heraus: vereinbartes Völkerrecht würde auch für den neuen Staat nur gelten, wenn er der Vereinbarung besonders beiträte; Gewohnheitsvölkerrecht aber würde ohne weiteres für ihn Kraft haben. Doch sei dies alles nur im Vorübergehen angedeutet.

Solches Völkergewohnheitsrecht hat sich nun allerdings gebildet, und zwar allerwichtigstes. Ich erinnere nur an die Rechtssätze, welche den diplomatischen Verkehr schützen und den Gesandten Unverletzlichkeit gewähren. Ebenso ist durch Gewohnheit längst Recht geworden der Satz, daß völkerrechtliche Verträge, auch wenn sie formlos abgeschlossen sind, doch binden. Aber macht man mit den Erfordernissen, die gewöhnlich für die Bildung von Gewohnheitsrecht aufgestellt werden, wirklich ernst, so schrumpft die Menge dessen, was man als Völkergewohnheitsrecht ansprechen darf, doch sehr zusammen. Schon im bürgerlichen Recht macht die Feststellung, ob ein Satz durch Gewohnheit zum Rechtssatz geworden sei, vielfach große Schwierigkeiten: wie viel mehr ist das im Völkerrecht der Fall, wo naturgemäß die Zahl der möglichen Übungsfälle sehr viel kleiner ist als im bürgerlichen Recht! Gerade im Völkerrecht liegt nun aber die Gefahr nahe, daß auf Grund von vereinzelten Übungsfällen das Dasein eines Rechtssatzes behauptet wird: das Urteil wird eben durch politische Interessen allzu stark beeinflußt. Ebenso wird ein mächtiger Staat leicht einen Satz, der ihm gerade bequem ist, üben und ihn dann kraft dieser Übung, und weil die anderen Staaten sich nicht bemüßigt oder nicht stark genug gefühlt haben, Widerspruch zu erheben, nachher als allgemein geltendes Völkerrecht behaupten. Das haben wir in diesem Krieg mehrfach erlebt. Aber vereinzelte Übung und Übung nur durch einen Staat schafft noch kein allgemeines Völkerrecht.

Wie ist es nun aber trotzdem erklärbar, daß in der Rechtswissenschaft immer noch diese ausführlichen Darstellungen des Völkerrechts ihren Platz behaupten? Man muß sich, wie ich glaube, die Sache so vorstellen: Das Zusammenleben der Menschen wird durch eine Reihe allgemeiner Ordnungen beherrscht, die über die Gemüter der Menschen Macht haben, durch Grundsätze und Forderungen der Sittlichkeit, der Religion, des Anstandes, der Ehre, der Menschlichkeit, der Gerechtigkeit, der Billigkeit und so fort. Es ist hier nicht der Ort, zu zeigen, woher diese Regelsysteme ihre Kraft nehmen, wo sie ihren Ursprung haben, auch nicht, wie sie sich im einzelnen voneinander inhaltlich unterscheiden; es genügt, darauf hinzuweisen, daß sie sich alle auch auf das äußere Zusammenleben der Menschen beziehen.

Abseits von allen diesen Ordnungen steht die Ordnung des Rechts. Sie unterscheidet sich von jenen nicht durch ihren Gegenstand — auch sie regelt das Zusammenleben der Menschen —, ja sie teilt auch in gewissem Maße den Inhalt mit ihnen, denn so weit sie nicht rein äußerliche Zweckmäßigkeitsregelungen enthält, die einer weiteren Rechtfertigung als der, daß sie eben zweckmäßig sind, nicht bedürfen, wird sie aus jenen höheren Normengruppen gespeist, dort ist ihre Nährstätte: das Recht hat seinen inneren Wert nicht durch sich selbst, sondern durch seine inhaltliche Übereinstimmung mit jenen höheren Ordnungen. Es unterscheidet sich von ihnen nur durch eine andere Wertbetonung und Zweckbeziehung seiner Sätze wie durch eine gewisse, sich aus dieser ergebende Veräußerlichung seines Inhalts. Nicht ein Unterschied im Wesen, sondern eine Folge jenes Wesensunterschiedes ist es, daß bei den Sätzen des Rechts in der Regel der Staat seine Machtmittel zur Verfügung stellt, um ihre Beachtung zu erzwingen, bei Sätzen anderer Art nicht. Alle jene höheren Ordnungen streben aber auf jedem Gebiet und so auch auf dem der zwischenstaatlichen Beziehungen dahin, ihre Sätze allmählich zugleich zu Rechtssätzen werden zu lassen. Die großen nachhaltigen Bewegungen, die zu einer Umbildung des staatlichen Lebens führen, schöpfen ihre Kraft gerade daraus, daß sie Forderungen höheren Wertes vertreten und in die widerstrebende Wirklichkeit einführen wollen. Finden solche zunächst von einigen wenigen erhobenen Forderungen starken Widerhall, so graben sie sich allmählich in die Überzeugung der Menschen ein und führen schließlich zur Übung, durch die sie Gewohnheitsrecht werden, oder gar zu Akten bewußter Rechtsschöpfung. Bevor aber eine solche Übung fest geworden oder eine Rechtssetzung erfolgt ist, sind sie noch kein gewordenes, sondern höchstens werdendes, gewünschtes Recht. In innerstaatlichen Beziehungen unterscheiden wir zwischen beiden, dem Recht, das ist, und dem Recht, das sein möchte, genau und deutlich. In der strengen Zucht, die wir durch die geschichtliche Rechtsschule empfangen haben, ist uns diese Unterscheidung in Fleisch und Blut übergegangen.

Im Völkerrecht ist sie noch nicht durchgedrungen. In unseren Völkerrechtssystemen stehen heute wie einst zum weitaus größeren Teil Sätze, die sich nicht als wirklich durch Vereinbarung oder Gewohnheit entstandenes Recht nachweisen lassen, sondern die lediglich der frei schaffenden Gestaltungskraft eines einzelnen Denkers entspringen, der seine Vorstellungen über das, was Völkerrecht sein sollte, als Recht hinstellt. Meist mag das unbewußt geschehen — so war einst Bluntschlis bekanntes Werk in Wahrheit nur ein System dessen, was er als Völkerrecht für gut hielt, obwohl er selbst es offenbar für Recht ansah —; andere nehmen für ihre Forderungen ganz bewußt die Eigenschaft, daß sie durch sich selbst, »von Natur«, Recht seien, in Anspruch; die dritten versuchen auf diese Weise absichtlich die Rechtsbildung zu beeinflussen. Die so vorgetragenen Sätze können allmählich aus dem Lehrbuch in die Köpfe der Zuhörer, von da aus in die Presse und schließlich in die Kanzleien der Staatslenker übergehen. Und darum können sie einen unvergleichlichen Wert haben. Nun brauche ich bei meiner sonstigen Stellungnahme zu den Grundfragen der Rechtsquellenlehre mich nicht gegen den Verdacht zu verteidigen, als wollte ich der Rechtswissenschaft die Befugnis absprechen, auch Recht zu bilden. Aber trotzdem: die Pflicht, zwischen gewordenem und bloß gewünschtem Recht zu unterscheiden, besteht in voller Stärke auch hier, und die Verwischung der Grenzlinie bildet eine große Gefahr.

Daß sie gerade im Völkerrecht so häufig ist, dazu wirken mehrere Umstände zusammen. Die bewußte Erzeugung von Rechtssätzen ist hier, wie ich früher sagte, außerordentlich gering, und doch ist das Bedürfnis, klare Regelungen zu besitzen, sehr groß. In der Verlegenheit nimmt man statt der fehlenden Rechtssätze Forderungen der Menschlichkeit, der Sittlichkeit, der Gerechtigkeit und gibt sie als Recht aus. Natürlich kommen derartige Unterschiebungen bloß gewünschter Sätze auch im Gebiet des innerstaatlichen Rechts vor. Aber hier haben sie meist nur kurze Dauer: es werden sich sehr bald Fälle ereignen, auf die der angebliche Rechtssatz passen würde, und dann wird die Wirklichkeit der Rechtsanwendung an dem derartig erdachten Satz achtlos vorübergehen, insbesondere wird keinerlei Erzwingung des Satzes eintreten; dadurch wird dann klar, daß der Satz eben doch kein Rechtssatz war. Im Völkerrecht aber findet sich für viele Sätze, namentlich für alle, die den Krieg angehen, erklärlicherweise nur verhältnismäßig selten Gelegenheit zur Anwendung: ein solcher Satz kann also lange Zeit hindurch sein Scheindasein als Rechtssatz in dem Völkerrechtssystem mit Ruhe führen. Um so größer ist dann die Enttäuschung, wenn er sich später, wo er angewendet werden könnte, als unwirklich, als unwirksam erweist.

Vergegenwärtigt man sich diese Tatsache, daß das sogenannte Völkerrecht zum großen Teil nicht aus Rechtssätzen, sondern nur aus Anforderungen besteht, die auf Grund von Erwägungen der Sittlichkeit, der Menschlichkeit, der Gerechtigkeit usw. erhoben werden, so begreift man wohl, wie leicht hier Streit erwächst. Das ist ja gerade der Vorteil des Rechts: Der Satz, der zum Rechtssatz geworden ist, ist damit dem Streit der Meinungen enthoben und auf eine eigene, wenn auch äußerliche, doch feste Grundlage gestellt. So lange er diese feste Gestalt nicht gewonnen hat, bleibt er immer noch der Bestreitung ausgesetzt. Wo ein sicher nachweisbarer Völkerrechtssatz da ist, wird mancher Staat vor der Übertretung zurückscheuen, denn er wird befürchten, daß der klare Rechtsbruch seinem Ruf bei anderen Völkern allzusehr schade. Ist aber der Satz als Rechtssatz nicht nachweisbar, sondern läßt er sich nur als eine Forderung der Gerechtigkeit oder Menschlichkeit begründen, so wird er leicht mißachtet werden, denn diese Wertvorstellungen haben keinen unbestreitbar festen Inhalt. Gerade hieraus erklärt sich manche Enttäuschung, die wir in diesem Kriege erlebt haben. Die Vorstellungen über das, was Ethik, Menschlichkeit, Anstand und Gerechtigkeit verlangt, weichen ja bei den einzelnen Menschen und Völkern erheblich voneinander ab, und ein Streit darüber ist, wie jeder Streit über Wertfragen, mit Gründen nicht zu entscheiden.

Insbesondere haben wir den tiefen Gegensatz unterschätzt, der zwischen der angelsächsischen und der europäisch-festländischen Kriegsauffassung obwaltet. Die Völker des Festlands betrachteten den Krieg als einen Vorgang zwischen zwei Staaten, dergestalt, daß die einzelnen Personen, die nicht unter Waffen stehen, von ihm möglichst verschont bleiben sollten. Dies erschien uns als eine Forderung der Menschlichkeit, und diese Forderung, so wähnten wir, sei auch rechtlich bereits durchgedrungen. Aber die Engländer haben nie aufgehört, den Krieg als einen Krieg von Volk zu Volk und darum jeden einzelnen Angehörigen des

fremden Staates auch als persönlichen Feind, als den
»alien enemy« zu betrachten. Daß auf diesem tiefen
Gegensatz ein großer Teil der Erscheinungen beruht,
die wir als die Zerrüttung des Völkerrechts ansehen,
ist gewiß. Schlimm war es nur, daß die festländischen
Staaten, die gegen uns-kämpfen, unter Verleugnung
ihrer eigenen früheren Anschauungen sich der englischen Auffassung angeschlossen haben. Sie opferten
ihre bessere Überzeugung aus Folgsamkeit gegen den
starken Verbündeten.

Es kommt hinzu, daß die Gerechtigkeitsforderun-
gen sich notwendig in gewissem Maße mit den Verhältnissen wandeln. Manche der Streitigkeiten, die
über völkerrechtliche Fragen zwischen Deutschland
und England hervorgetreten sind, beruhen darauf,
daß wir auf Grund der völlig veränderten Verhältnisse auch neue Anforderungen an die völkerrechtliche Übung aufgestellt haben — man braucht nur an
den U-Bootkrieg zu denken —, während England bei
den Forderungen verharrt, die unter den früheren
Verhältnissen als gerecht gegolten haben. Ein
Rechtssatz kann stehen bleiben, auch wenn die Verhältnisse andere geworden sind, weil sein Dasein auf
bestimmten äußeren Tatsachen beruht, Anforderungen an die Gestaltung des Rechts aber wechseln
von selbst mit den Dingen — die äußere Festigkeit
fehlt ihnen eben.

Ich habe bei der Erörterung der Unvollkommenheit des Völkerrechts bisher von seiner inhaltlichen Dürftigkeit gesprochen. Aber auch wo Sätze vorhanden sind, die unzweifelhaft als geltendes Völkerrecht anerkannt werden müssen, da sind sie doch ihrem Sinne nach vielfach unsicher und bestritten. Das trifft zunächst auf das Völkergewohnheitsrecht zu und ist hier, wie bei allem Gewohnheitsrecht, erklärlich. Denn die Übung eines Satzes erfolgt stets unter ganz bestimmten einzelnen Umständen: es bleibt danach notwendig immer zweifelhaft, wie weit daraus ein verallgemeinernder Satz abgeleitet werden darf. Ein Beispiel aus den letzten Tagen: Unzweifelhaft ist durch Gebrauch der Satz Recht geworden, daß die Gesandten unverletzlich sind. Wie aber, wenn sich der Gesandte selbst an verbrecherischen Anschlägen gegen die Regierung beteiligt hat, bei der er beglaubigt ist? So verhielt es sich nach der russischen Behauptung mit Lockhard in Moskau gegenüber der russischen Sowjetregierung. Gilt jetzt das Vorrecht der Unverletzlichkeit immer noch oder ist es für diesen Fall nicht gewährt? Darauf gibt die bisherige völkerrechtliche Übung keine Antwort. Der Grundsatz von der Unverletzlichkeit der Gesandten ist für normale Verhältnisse gebildet worden: jener besonders geartete ist nicht so häufig vorgekommen, daß für ihn eine feste Rechtsübung hätte erwachsen können,

Ebenso ist der Sinn der einzelnen Sätze in völkerrechtlichen Vereinbarungen vielfachen Zweifeln unterworfen. Ich will nur zwei Beispiele, mit denen ich mich näher zu beschäftigen Gelegenheit hatte, erwähnen, Beispiele, bei denen mir allerdings das Recht klar auf seiten Deutschlands zu liegen scheint. Auf der zweiten Friedenstagung im Haag ist dem vierten Abkommen eine eigene »Ordnung der Gesetze und Gebräuche des Landkrieges« beigefügt worden. Hier ist im Artikel 23 h ausdrücklich gesagt, daß die Rechte und Forderungen von Angehörigen der Gegenpartei nicht aufgehoben oder zeitweilig außer Kraft gesetzt werden dürften. Diese Bestimmung wurde auf den Antrag Deutschlands hinzugefügt, gerade deshalb, weil man der englischen Kriegsauffassung entgegentreten wollte, wonach der Krieg auch gegen den einzelnen Einwohner des fremden Staates geführt wird. Die Begründung bei den Verhandlungen ließ darüber auch nicht den mindesten Zweifel. Trotzdem sind zuerst die Amerikaner und dann später die Engländer mit einer anderen Auslegung dieser Bestimmung hervorgetreten, die seine Bedeutung außerordentlich herabmindert: gemeint sei in dem Artikel, wie seine Stellung innerhalb des Abkommens beweise, nur, daß die Befehlshaber bei Besetzung feindlichen Gebiets die Rechte und Forderungen der Bewohner dieses Gebiets nicht aufheben oder für unklagbar erklären dürften. Sir Edward Grey hat dieser nach deutscher Ansicht ganz unhaltbaren Auffassung schon im Jahre 1911 durch ein amtliches Schreiben an den englischen Völkerrechtslehrer Oppenheim bestimmten Ausdruck gegeben. Der Streit ist unausgetragen geblieben, und wir alle wissen ja, wozu das in diesem Kriege geführt hat: England und nach ihm seine Verbündeten, und auf dem Wege der Vergeltung dann auch die Mittelmächte, haben alle Forderungen fremder Staatsbürger in ihrem Gebiet für klaglos oder aufgehoben erklärt, und gegenseitig sind unzählige Existenzen vernichtet worden. Ein anderes Beispiel: Eine Reihe von Abkommen der zweiten Friedenstagung beschäftigen sich mit dem Seekrieg. Nach alter grausamer Auffassung ist der Seekrieg dazu da, den feindlichen Handel zu vernichten. Hier hat man Milderungen eingeführt. Insbesondere sollen Handelsschiffe, die sich bei Ausbruch des Krieges in einem feindlichen Hafen befinden, dort zwar beschlagnahmt und gegen Entschädigung eingezogen, aber nicht entschädigungslos als gute Prise erklärt werden können. Unseres Bonner Ehrendoktors, des Herrn Krupp von Bohlen und Halbach, bekannte Rennjacht Germania war am 27. Juli 1914 zu dem Wettsegeln in Cowes nach Southampton gekommen und ist von den Engländern in zweimaliger prisengerichtlicher Verhandlung für gute Prise erklärt worden. Denn jene Milderung spreche nur von Privathandelsschiffen, nicht aber von Privatluxusschiffen, diese stünden also nach wie vor unter einfachem Prisenrecht. Diese Auslegung hat den Wortlaut für sich, ist aber doch sicher unrichtig, denn es liegt ja auf der Hand, daß, wenn sogar für Handelsschiffe eine Ausnahme gemacht wird, gegen die sich das Seekriegsbeuterecht doch recht eigentlich richtet, diese Ausnahme erst recht gegenüber den Luxusschiffen gelten muß. Die erweiternde Auslegung, daß alle Privatschiffe gemeint seien, ist darum notwendig. Aber der Meinungsstreit ist auch heute noch nicht geschlichtet.

Nun gibt es solche Zweifel und Unsicherheiten freilich auch im innerstaatlichen Recht, auch hier ist das Gewohnheitsrecht inhaltlich unsicher, und die Worte der Gesetze lassen unendlichen Zweifeln Raum, weil eben die menschliche Sprache unfähig ist, einen Gedanken bis in seine letzten Feinheiten vollständig widerzuspiegeln. Aber im innerstaatlichen Recht gibt es zur Hebung dieser Zweifel einmal ein wissenschaftliches Schrifttum, das, völlig unvoreingenommen arbeitend, allmählich eine herrschende Meinung herausbildet, und sodann eine Rechtsprechung, die, ihre Einheit im höchsten Gericht findend, die einzelnen Auslegungsfragen fortgesetzt in einer bestimmten Art entscheidet und die Zweifel über den Sinn des Satzes damit erledigt. Im Völkerrecht fehlt beides.

Wohl gibt es auch hier ein großes Schrifttum, aber die einzelnen Schriftsteller gehen nur allzuoft von einem bestimmten praktischen Interessenstandpunkt aus und werden dadurch in ihren Ergebnissen beeinflußt, eine feste herrschende Ansicht bildet sich so nicht heraus. Traurige Beispiele parteigefärbter Wissenschaftsarbeiten hat dieser Krieg genug gezeigt. Sodann fehlt der ständige, eine feste Überlieferung bildende Gerichtshof — was bisher an Schiedsgerichtseinrichtung da ist, wird allzu vereinzelt tätig, um maßgebend zu wirken. So bleibt das Völkerrecht unentwickelt. Wissenschaft und Rechtsprechung sind eben für die Entwicklung eines Rechts zu einem klaren und sicheren Inhalt durchaus unentbehrlich.

Auch darin unterscheidet sich das Völkerrecht von allen anderen Rechten zu seinem Nachteil, daß seine Gebote und Verbote vielfach verklausuliert sind und darum leicht wieder ihre Kraft für den einzelnen Fall verlieren. Eine ganze Reihe von Erscheinungen ist in dieser Hinsicht zu erwähnen, freilich bleibt auch hier wieder im einzelnen alles unsicher und bestritten.

Einer der wichtigsten, erst langsam eroberten Grundsätze unseres Rechts ist der, daß Verträge gehalten werden müssen. Nicht selten hört man nun aussprechen, daß gerade im Völkerrecht dieser Grundsatz eine erhebliche Einschränkung erfahre, denn jeder völkerrechtliche Vertrag enthalte die stillschweigende Klausel, er gelte nur so lange, wie die Verhältnisse, unter denen er geschlossen sei, die gleichen blieben (die sogenannte Klausel der unveränderten Umstände, clausula rebus sic stantibus). Im Zeitalter des Naturrechts, im 18. Jahrhundert, war dieser Satz vielfach, auch für das bürgerliche Recht, aufgestellt worden. Er klingt auch bei Goethe wieder, wenn Faust sagt:

> Rast nicht die Welt in allen Strömen fort,
> Und mich soll ein Versprechen halten?

Aber Faust selbst antwortet:

> Doch dieser Wahn ist uns ins Herz gelegt,
> Wer mag sich gern davon befreien?
> Beglückt, wer Treue rein im Busen trägt,
> Kein Opfer wird ihn je gereuen.

Sicherlich kann die Klausel nicht unbeschränkt gelten. Das würde bedeuten, daß gar kein Vertrag bindende Kraft hat, sind ja doch die Verhältnisse immer fließend; ein jeder Vertrag wäre also auf Grund der Klausel angreifbar. Aber in engeren Grenzen hat sie doch ihre Berechtigung, sie hat sie im bürgerlichen Recht, und zwar, wie neuere Untersuchungen erwiesen haben, in weiterem Maße, als man gewöhnlich annimmt, sie hat sie vielleicht noch stärker in völkerrechtlichen Verhältnissen. Freilich ist es zweifelhaft, wie weit sich die einzelnen Sätze, die ich sogleich vortragen werde, wirklich als Recht im strengen Sinne ansprechen lassen; es sind mehr Erwägungen ganz allgemeiner Art und Verweisungen auf entsprechende Sätze des bürgerlichen Rechts, mit denen man diese Sätze begründet. Daß die Völkerrechtswissenschaft in diesen Fragen noch keine einheitliche Antwort herausgearbeitet hat, ist eine ihrer größten Unvollkommenheiten. Ich kann hier nur Andeutungen geben. Einmal wird man sagen dürfen, daß jeder völkerrechtliche Vertrag seine Geltung verliert, wenn die Umstände sich ändern, die von beiden Parteien nach dem Inhalt des Vertrages, das heißt in bewußtem Einverständnis, zur Grundlage ihrer Verabredung gemacht worden waren. Der Zweck des Vertrages kann dann nicht mehr erreicht werden, der Vertrag wird zwecklos, und darum verliert er wie im bürgerlichen so auch im Völkerrecht für beide Teile seine Kraft.

Auch in einem anderen Satze, der die Wirksamkeit der Verträge begrenzt, kann man einen Anwendungsfall der Lehre von den veränderten Umständen finden. Er geht dahin, daß bei allen völkerrechtlichen Verträgen, die beiden Teilen Pflichten auferlegen, die Nichterfüllung des Vertrages auf der einen Seite — und in dieser Nichterfüllung liegt eben die Veränderung der Umstände — den anderen Teil berechtigt, auch seinerseits den Vertrag nicht zu halten. Auch hierfür gibt es Entsprechendes im innerstaatlichen, bürgerlichen Recht: man denke nur daran, daß die Vertragspartei bei einem gegenseitigen Vertrag, wenn der andere Teil nicht leistet, die eigene Leistung zurückbehalten und unter gewissen Voraussetzungen sogar vom Vertrage zurücktreten kann. Jener völkerrechtliche Satz lautet freilich allgemeiner. Auf ihn konnte sich Deutschland berufen, als es durch den Einmarsch in Belgien die Pflicht verletzte, die es durch den belgischen Neutralitätsvertrag übernommen hatte. Denn wenn die erste Hälfte des vielgenannten Artikels 7 des Neutralitätsvertrages vom 15. Oktober 1831 dem preußischen Staat die Verpflichtung auferlegte, die Neutralität Belgiens zu achten, so legt sein zweiter Absatz dem belgischen Staat die Verpflichtung auf, seinerseits strenge Neutralität zu wahren. Daß Belgien dies nicht getan hat, steht heute unumstößlich fest. Es mag aus politischen Gründen noch von den Gegnern bestritten werden, aber das rechtliche Urteil wird in allen Ländern hierüber das gleiche sein oder werden.

Große Bedeutung hat endlich ein dritter Satz, der hierher gestellt werden kann. Jede völkerrechtliche Pflicht, so wird gelehrt, entfällt dann, wenn die Verhältnisse sich so gestaltet haben, daß durch die Erfüllung der Pflicht die Lebensinteressen des Staates gefährdet werden würden. Aber dies bezieht sich nicht auf Vertragspflichten allein, sondern reicht viel weiter: es ist der allgemeine, auch im inneren Rechte der Staaten durchaus anerkannte Gedanke, daß der Notstand die Rechtswidrigkeit jeder an sich verbotenen Handlung aufhebt. Wer in der Gefahr des Verhungerns sein Leben nicht anders retten kann als dadurch, daß er einem anderen Brot wegnimmt, handelt nicht widerrechtlich: das sind Lagen, die über das Urteil des Rechts hinausliegen; allein sittliche Erwägungen können hier noch entscheidend sein. Auch die französische und englische Völkerrechtswissenschaft hat vor dem Kriege häufig genug anerkannt, daß die Verletzung einer völkerrechtlichen Pflicht im Notstand nicht rechtswidrig sei. Desto erstaunlicher war es, daß sie die Berufung auf den Notstand, durch die Deutschland seinen Einmarsch in Belgien vor der Welt rechtfertigte, nicht gelten ließen. Eine unglückliche Redewendung des damaligen Reichskanzlers bot ihnen freilich die willkommene Handhabe zu der Verleugnung ihrer Grundsätze.

Die Berufung auf den Notstand ist nun aber im Völkerrecht gefährlicher als im innerstaatlichen Recht, denn hier muß der Handelnde immer damit rechnen, daß die Staatsgewalt — das Gericht — nachher bei der Beurteilung des Falles die Berufung auf den Notstand nicht gelten läßt, er wird also nur mit großer Vorsicht zu einer Notstandshandlung greifen; im Völkerrecht aber fehlt die übergeordnete Ge-

richtsgewalt, und darum wird der Staat, der eine
an sich völkerrechtswidrige Handlung vornehmen
möchte, sein Gewissen leichter mit der Vorstellung,
er befinde sich im Notstand, beruhigen: die Verhältnisse liegen hier meist nicht so klar und durchsichtig
wie im bürgerlichen Leben der einzelnen.

Während in den angegebenen drei Punkten die Unvollkommenheit des Völkerrechts auf Sätzen beruht,
die im innerstaatlichen Recht wenigstens in ähnlicher
Weise vorkommen, sind die beiden weiterhin zu
nennenden Erscheinungen dem Völkerrecht durchaus
eigentümlich. Einmal gilt hier, und nur hier, in
keinem Rechtsteil sonst, der eigentümliche Satz, daß
jede an sich rechtswidrige Handlung die Eigenschaft
der Rechtswidrigkeit verliert, wenn sie zum Zweck
der Vergeltung vorgenommen wird. Es sind die be-
rüchtigten »Repressalien«, von denen hier die Rede
ist. Das Recht zu Repressalien geht weit hinaus über
die Befugnis, einen von der Gegenseite verletzten
Vertrag als nicht bestehend zu behandeln, es kennt
an sich gar keine Grenzen: jede Rechtswidrigkeit
kann mit einer Vergeltungsmaßregel erwidert werden. Zweifelhaft sind nur auch hier wieder die
näheren Grenzen dieses Rechts, insbesondere ist
zweifelhaft, ob man als Vergeltung für eine Rechtswidrigkeit nun eine an sich rechtswidrige Handlung
gleicher Art oder auch sonst irgendeine an sich rechts-

widrige Handlung vornehmen darf. Es leuchtet sofort ein, wie gefährlich dieser, die Vergeltungsmaßregeln gestattende Satz ist und wie sehr er den Wert des Völkerrechts überhaupt herabsetzt. Wir erleben es ja in diesem Kriege fortwährend, daß von den beiden Staaten, die miteinander streiten, jeder behauptet, der andere habe mit der Rechtswidrigkeit begonnen, und daß er darum seine eigene rechtswidrige Handlung, da sie eine Vergeltungsmaßregel sei, für gerechtfertigt erklärt, während der andere Staat in ihr erst gerade die Rechtsverletzung sieht, die ihn nun wieder zu Vergeltungsmaßregeln berechtigt. So ist es dann der Fluch der bösen Tat, daß sie fortzeugend Böses muß gebären. Sobald der Krieg einmal ausgebrochen ist, wird eben jeder Staat zum Richter in eigener Sache, und der Wirbel der Ereignisse ist viel zu stark, als daß die Entscheidung irgendeines Unparteiischen über eine solche Frage angerufen werden könnte.

Endlich muß noch auf eine letzte Erscheinung hingewiesen werden, deren man sich gewöhnlich in diesem Zusammenhange nicht bewußt wird. Das ist die Tatsache, daß sich durch den Kriegsausbruch die Rechtslage zwischen den beiden Staaten vollkommen ändert. Alle Verträge werden zerrissen, so weit sie nicht gerade für den Fall des Krieges geschlossen sind, und manches, was bisher Rechtsverletzung war, wird nunmehr rechtmäßige Kriegshandlung. Insbesondere ist dies die außerordentliche Schwäche des gesamten Neutralitätsrechts. Jede Gewalthandlung eines der kriegführenden Staaten gegen einen neutralen Staat ist rechtswidrig. Der kriegführende Staat braucht aber dem neutralen Staat nur auch den Krieg zu erklären, und alle die Handlungen, die bisher rechtswidrig waren, sind jetzt rechtmäßig. Denn — ich berühre hier einen Punkt von größter Wichtigkeit — die Frage, ob die Kriegserklärung selbst gerechtfertigt ist oder nicht, liegt fast immer über die Grenzen des Rechts hinaus, sie ist eine sittliche, keine rechtliche Frage. Wohl gibt es Verträge, durch die ein Staat auf das Recht verzichtet, einem bestimmten anderen Staate den Krieg zu erklären, dahin gehören gerade die Neutralitätsverträge. Aber schon, wenn ein Staat einen Friedensvertrag schließt und darin eben Frieden zu halten verspricht, wird bezweifelt werden können, ob er sich damit wirklich auf immer des Rechts zu einer neuen Kriegserklärung begeben wollte. Auf einige Zeit ist er gewiß gebunden, aber auf wie lange? Noch auf alle Friedensverträge der Welt sind später wieder Kriege gefolgt. Die Lehre von der Rechtfertigung des Krieges, vom »bellum justum« und »injustum« ist eine ethische, keine rechtliche. Hierin liegt also eine Schwäche des Völkerrechts; es bleibt jedem Staat die Möglichkeit, sich durch eine Kriegserklärung das Recht zu Handlungen zu verschaffen, die ihm vorher verboten waren.

Ich habe immer von den Unvollkommenheiten und Schwächen des Völkerrechts gesprochen und dabei gerade das nicht erwähnt, woran der Nichtjurist meist von vornherein denkt, wenn von Schwächen des Völkerrechts die Rede ist, das ist die Unerzwingbarkeit der völkerrechtlichen Gebote und Verbote. Die innerhalb des Staates geltenden Rechtssätze, so pflegt man zu sagen, können von der Staatsgewalt im geordneten Wege erzwungen werden, durch Strafe, durch Zwangsvollstreckung, durch unmittelbare behördliche Gewaltanwendung und noch auf andere Weise, und gerade dies fehlt dem Völkerrecht und muß ihm notwendig fehlen, da sein Recht Recht zwischen souveränen Staaten ist. Souverän sein heißt aber keiner fremden Staatsgewalt unterstehen. Ja man hat sogar deswegen dem Völkerrecht öfter den Charakter als Recht abgesprochen. Das ist nun sicher unrichtig. Denn es gibt unzweifelhaft Recht, das überall als vollkommenes Recht anerkennt wird und doch in keiner Weise staatlich erzwingbar ist: das ist das Recht, das dem Fürsten Pflichten auferlegt. Der Fürst steht unter dem Recht, die Gebote des Rechts binden auch ihn; aber da seine Person unverletzlich ist, ist jede Zwangsmaßregel gegen ihn ausgeschlossen. Wie man nun dieses sich an den

Fürsten wendende Recht widerspruchslos als Recht ansieht, so muß man auch das Völkerrecht als Recht ansehen. Freilich das ist sicher: unerzwingbares Recht ist schwaches Recht. Erwägungen des eigenen Nutzens und sittliche Wertempfindungen sind es allein, die dem zwanglosen Recht Gewähr geben. Gerade im Völkerrecht aber versagen beide in weitem Maß. Die Politik der Staaten rechnet, wenn sie den eigenen Nutzen erwägt, meist mit zu kurzen Zeiträumen und sieht darum vielfach nicht, daß die Beachtung des Völkerrechts letztlich und auf die Länge hin zu ihrem eigenen Vorteil ausschlagen würde. Und die sittlichen Empfindungen der Völker sind leider gerade in der Politik sehr wenig entwickelt; ja es fehlt hier sogar an der theoretischen Anerkennung, daß dem Staate überhaupt sittliche Pflichten obliegen: erleben wir doch fortwährend, daß Männer, die als Privatpersonen von unantastbarer Anständigkeit sind, sich im Dienste ihres Staates jeder Missetat und Schurkerei mit ruhigem Gewissen unterziehen. Englische Politik in diesem Kriege bietet Beispiele genug dafür.

Es ist ein recht unerfreuliches Bild, das ich zeigen mußte. In der nüchternen Beleuchtung des Alltages sieht das Völkerrecht freilich ganz anders aus als umflossen von dem wunderbaren Licht morgenrötlicher Träume. Und es kann nicht wundernehmen, daß dieses zerstückte, ungewisse, in sich zweifelhafte und äußerer Sicherungen entbehrende Recht zu häufigen Streitigkeiten Anlaß gibt. Aber der Zuhörer wird von dem Redner fordern können, daß er nun auch sage, wie er sich die Zukunft denke. Wird dieser Zustand des Völkerrechts je geändert werden? Lassen sich die Schwächen und Unvollkommenheiten dieses Rechtsteils beseitigen? Darauf ist mit Sicherheit ein Nein zu antworten, falls die Staaten wie bisher jeder für sich nebeneinander bestehen bleiben, in einem Zustand der Herrschaftslosigkeit, der »Anarchie«, wie man richtig gesagt hat. Denn die Ursachen der Unvollkommenheit werden dann in alter Stärke fortdauern. Wohl mag der schon heute bestehende Haager Schiedsgerichtshof weiter ausgebaut, es mag auch ein Vermittlungsamt für solche Streitigkeiten geschaffen werden, die sich zur Entscheidung durch den Schiedsgerichtshof nicht eignen. Die Staaten mögen sich sogar verpflichten, von diesen Einrichtungen Gebrauch zu machen; aber ob sie das nachher wirklich tun, das hängt doch von ihrem freien Willen ab, das Völkerrecht bleibt eben unerzwingbar. Auch die Dürftigkeit des Inhalts wird fortdauern. Denn die Verträge der Staaten untereinander, durch die neue Völkerrechtssätze geschaffen werden, sind schließlich nur der Ausdruck einer schon vorhandenen übereinstimmenden Überzeugung der maßgebneden Volkskreise: auch der größte Staatsmann ist hier nicht völlig frei, sondern nur der Zeiger an der Uhr seiner Zeit. Er kann nur und muß immer das tun, wozu ihn die geistige Gesamtentwicklung nötigt. Es ist aber zu befürchten, daß nach dem Kriege das Mißtrauen und der Haß der einzelnen Völker gegeneinander nur noch gesteigert sein wird; weniger als vor dem Kriege wird die Erkenntnis wirksam sein, daß es eine höhere Gemeinschaft der Zwecke zwischen ihnen gibt, die zu völkerrechtlichen Festsetzungen führen muß. Das heißt nicht, daß wir mit unserer Arbeit ermatten sollen: wir dürfen nicht müde werden, in die Hirne der Menschen immer aufs neue einzuhämmern den Gedanken der Gemeinsamkeit der Staaten in ihren Kulturaufgaben und die Forderungen jener höheren Ordnungen der Sittlichkeit, des Anstandes, der Menschlichkeit und so fort, bis sie allmählich ihren Ausdruck in rechtlichen Vereinbarungen der Staaten finden. Aber für die nächste Zeit ist in irgendwie erheblichem Maß auf solche nicht zu rechnen.

Das ist keine tröstliche Aussicht. Aber nun ist ein neues starkes Wort erklungen: der Völkerbund! Davon ist überall die Rede, auch bei Völkern und in Volkskreisen, die sich bisher nie um diesen Gedanken gekümmert hatten. Das Wort Völkerbund ist heute ein Schlagwort geworden, wie wir während des Krieges so manche erlebt haben, und zwar ein Schlagwort der Massen. Als solches übt es, um so mehr als es einer vorhandenen Stimmung entgegenkommt, eine gewaltige Wirkung aus, eine viel größere, als nüchterne Erwägungen je haben könnten. Die Macht von Schlagworten ist ja eine der merkwürdigsten Tatsachen in dem noch viel zu wenig durchforschten Reich der seelischen Massenerscheinungen. Sie ist desto größer, je mehr die Demokratisierung vorgeschritten und je dünner andererseits die gebildete Oberschicht des Volkes ist. Die wissenschaftliche Betrachtung aber hat die Pflicht, den Inhalt eines solchen Begriffes klar herauszustellen. Was also ist mit Völkerbund gemeint?

Im voraus: es hat einen seltsamen Beigeschmack, wenn von einem Bund der Völker, nicht einer Vereinigung der Staaten die Rede ist. Es erinnert das an das andere Schlagwort von dem Selbstbestimmungsrecht der Völker, bei dem der Begriff des Volkes völlig unsicher bleibt, so daß unter diesem Schlagwort die allerverschiedensten Dinge praktisch verstanden werden können. Spricht man von Völkerbund, so darf darunter selbstverständlich nur ein Bund von Staaten gedacht werden; denn nur Staaten haben Rechtspersönlichkeit, nur sie also auch die Fähigkeit, völkerrechtliche Verträge, insbesondere Bündnisse zu schließen. Nun hat es immer schon Staatenbünde gegeben. Soll ich an die heilige Allianz erinnern oder an den Dreibund traurigen Angedenkens? und schließlich sind auch die jetzigen Vereinigungen der kriegführenden Staaten auf beiden Seiten nichts als Bundesverhältnisse. Das Wort Völkerbund muß also jedenfalls etwas anderes meinen, und zwar ist das dies: er soll nicht bloß ein Bund von Völkern, sondern der Völker sein, das heißt, er soll alle Staaten oder doch die Hauptstaaten umfassen, er soll ein Weltstaatenbund sein. Und als sein Zweck ist gesetzt die Verhütung von Kriegen, wie sie bisher als Mittel zur Ausgleichung von Interessengegensätzen der Staaten geführt wurden. Gerade die Hoffnung, daß dieser Zweck erreicht werden könne, gibt ihm seinen großen Zauber: die seit Jahren von unerhörten Kriegsleiden gequälte Menschheit erblickt hier einen fernen Hoffnungsschimmer. Das ist das Ziel: wer erstrebte es nicht? Es gibt ja doch niemanden, der den Krieg als Selbstzweck wollte! Der Krieg ist immer nur ein Mittel zum Zweck, und seine Schrecknisse sind unermeßlich; also im letzten Ziel sind wir alle »Pazifisten«, und es gibt wohl niemand, der nicht einmal schon davon geträumt hätte, daß in einer fernen, fernen Zukunft der Krieg einmal im gleichen Sinne unmöglich werden würde, wie es die Fehden zwischen den Herren, zwischen den Geschlechtern geworden sind. Ja, wir hatten schon vor dem Kriege vielfach gemeint, der sich immer steigernde Verkehr von Volk zu Volk im Güteraustausch und im Genuß sonstiger Lebenswerte, im gemeinsamen Kunstbesitz, in gemeinsamen wissenschaftlichen Bestrebungen usw. und die vielen Organisationen, die von den Staaten gemeinsam geschaffen waren, um gemeinsame Interessen zu verfolgen, alles das würde ein so dichtes Band zwischen den Staaten weben, daß ein Krieg unmöglich werden würde. In Wirklichkeit sind all diese Fäden wie Spinnweben zerrissen, und Völkerhaß und Einzelhaß sind in einer Stärke und Wildheit aufgetreten, wie sie in ältesten Zeiten der Menschheit nicht schlimmer gewesen sein können. Die Menschennatur hat sich eben nicht geändert. Hier tritt nun der Völkerbund als neue große Hoffnung, als einzige und letzte Hoffnung auf.

Dieser Gedanke eines Weltstaatenbundes zum Zweck der Kriegsverhütung ist sehr alt. Vor etwa 600 Jahren ist er zum erstenmal ausgesprochen, dann immer wiederholt worden. Unsere großen Denker — ich nenne nur Leibniz und Kant — haben sich mit ihm beschäftigt. In den letzten Jahrzehnten hat er dann vielfache und zum Teil sehr gründliche Bearbeitung erfahren, im deutschen wie im ausländischen Schrifttum. Auffällig ist dabei, wie sehr Verschiedenes die einzelnen Schriftsteller unter dem Völkerbund verstehen oder dem Bund an Aufgaben zuweisen. Auf der einen

Seite gibt es vorsichtig abwägende, überall mit den Wirklichkeiten des Lebens rechnende, ins einzelne genau durchdachte Pläne — ich nenne zum Beispiel die Arbeiten unseres jetzt viel genannten einstigen österreichischen Kollegen Lammasch —, die anderen greifen mit ihren Gedanken außerordentlich weit hinaus, begnügen sich dabei aber mit allgemein gehaltenen Kennzeichnungen. Auf dieser Seite steht insbesondere und vor allem der Präsident Wilson: er vertritt in seinen Äußerungen den Gedanken des Weltstaatenbundes in seiner idealistischsten Form. Ein neues goldenes Zeitalter soll anbrechen, alle Staaten sollen abrüsten, Krieg soll überhaupt unmöglich sein, jeder Staat soll bei dem anderen Meistbegünstigung und gleiche Rechte genießen. Selbstbestimmungsrecht der Völker und Freiheit der Meere wird verkündet. Man hört wieder den Lockruf der drei Worte, die ein so ungeheures Schicksal gewirkt haben: Freiheit, Gleichheit und Brüderlichkeit. Nur denkt man dabei diesmal nicht an das Verhalten der einzelnen Menschen, sondern an das der einzelnen Staaten zueinander. Wie ein jeder Staat für sich eine Demokratie sein soll, so soll auch zwischen den einzelnen Staaten eine Demokratie herrschen, der Völkerbund soll eine Demokratie der Demokratien sein. Ich widerstehe der starken Versuchung, in rein politische Erörterungen zu verfallen, das würde weder dem Ort noch der Stunde ziemen; ich möchte nur theoretisch auf zweierlei hinweisen.

Der eine Punkt betrifft die außerordentliche Tragweite dieses Wilsonschen Gedankens. Sie ist größer, als sich wohl die meisten zunächst vorstellen. Der Zweck des Völkerbundes soll der sein, Kriege zu verhüten. Dann muß jedenfalls ein anderes Mittel geboten werden, um die Streitigkeiten zwischen den Staaten zu erledigen, und das könnte nur die Schaffung eines Organs sein, das zur friedlichen Entscheidung des Streites berufen sein würde. Nun sind die Streitigkeiten, aus denen in der bisherigen Welt Kriege entstanden sind, von zweierlei Art. Einmal sind es Rechtsstreitigkeiten; hier könnte man sehr wohl an die Errichtung eines völkerbundlichen Gerichtshofes denken: wir haben ja auch jetzt schon, freilich in sehr unvollkommener Weise, einen ständigen Schiedsgerichtshof im Haag; diese Einrichtung müßte ausgebaut, es müßte ein mit allen Schutzwehren der Unabhängigkeit umgebenes Gericht mit ständigen Richtern geschaffen werden. Aber die schlimmeren und gefährlicheren Streitigkeiten sind nicht Rechtsstreitigkeiten, sondern Widerstreite der Interessen, insbesondere auf wirtschaftlichem und völkischem Gebiet. Zwischen Deutschland und seinen Gegnern sind es nicht Rechtsfragen gewesen, die zum Kriege geführt haben. Auch hier muß, wenn Wilsons

Zweck erreicht werden soll, ein Organ zur Entscheidung der Widerstreite geschaffen werden, mag man auch hier das Gericht für zuständig erklären, mag man ein eigenes entscheidendes Organ anderer Art, etwa eine Versammlung der Vertreter sämtlicher Staaten des Bundes, dafür bestimmen.

Soll aber der Zweck der Kriegverhütung wirklich erreicht werden, so muß dem Bunde auch die Möglichkeit gegeben werden, eine zwangsweise Vollstreckung des Urteilsspruches herbeizuführen. Die Vollstreckung müßte, wenn mildere Mittel wie das des Handelsboykotts versagen, selbstverständlich durch militärische Machtmittel des gesamten Staatenbundes erfolgen. Die Vollstreckung würde einen Krieg bedeuten, aber doch einen Krieg in anderer Färbung, mit anderer Zweckbegrenzung als bisher. Ebenso müßte der Völkerbund auch eine Art Polizeigewalt haben, um bei tatsächlichem Ausbruch eines Krieges durch einen übelwollenden Staat einzuschreiten.

Nach welchen Grundsätzen aber würde das Gericht eine Streitigkeit zu beurteilen haben? Es würde nicht genügen, lediglich auf Grundsätze der Billigkeit oder der Gerechtigkeit in der Interessenabwägung und dergleichen zu verweisen. Eine der Willkür enthobene Entscheidung ist sicher nur möglich, wenn feste Grundsätze da sind, nach denen entschieden werden muß. Von selbst also drängt das Dasein des Gerichts darauf hin, daß auch Rechtsgrundsätze für die Verhältnisse der Staaten zueinander, also Völkerrecht im bisherigen Sinne, geschaffen werden, das heißt, der Völkerbund muß schließlich auch die Macht für sich in Anspruch nehmen, Rechtssätze zu schaffen, die für die Mitglieder des Bundes verbindlich sind, er muß sich Gesetzgebungsrecht beilegen. Dies alles selbstverständlich nur in möglichst engen Grenzen, aber immerhin doch: der Völkerbund muß seinen Mitgliedern gegenüber eine dreifache Tätigkeit ausüben, eine richterliche, eine gesetzgebende und — gerade wegen der Möglichkeit unmittelbarer Zwangsanwendung — eine vollziehende. Also alle drei Tätigkeiten, die ein Staat ausübt: der Völkerbund würde in Wahrheit ein Staat über den Staaten, ein Überstaat sein. Dahin wenigstens würde die Entwicklung mit Notwendigkeit drängen. Der einzelne Staat, der in den Bund eintritt, unterwirft sich damit der Gewalt des Überstaates, er begibt sich also seiner Souveränität, sofern man unter Souveränität die volle Unabhängigkeit von fremder Gewalt versteht.

Man sieht sofort, daß damit all die Unvollkommenheiten des Völkerrechts, die ich vorher dargestellt habe, beseitigt sind. Da der Bund die Gesetzgebungsgewalt besitzt, und da ihm alles daran liegen muß, möglichst bald feste Grundsätze für die Streitigkeiten zwischen den Bundesgliedern zu schaffen, wird er dafür sorgen, daß das Recht, welches die Beziehungen der einzelnen bundesangehörigen Staaten zueinander ordnen soll, möglichst rasch an Inhalt zunehme; er wird den bisher rechtlosen Raum ausfüllen. Die Rechtsprechung des obersten Gerichts würde diesem Recht zur Festigkeit und Sicherheit verhelfen, und die Erzwingbarkeit würde ihm durch den Bund gegeben sein. Kurz, dieses zwischen den Staaten geltende Recht würde ebenso vollkommen sein wie jedes andere Recht. Nur — es wäre eben kein Völkerrecht mehr, da das Völkerrecht begrifflich souveräne Staaten voraussetzt. Selbstverständlich bildet dies keinen Gegengrund, das Völkerrecht wäre dann eben durch ein Bundesstaatsrecht abgelöst.

So würde sich das Zukunftsbild darstellen. Damit komme ich zu dem zweiten Punkt, auf den ich hinweisen möchte, das ist die Tatsache, daß der Wilsonsche Plan eine große Lücke aufweist. Es bleibt nämlich unklar, in welcher Weise der Völkerbund seine Beschlüsse soll fassen können. So weit freilich das höchste Gericht zur Entscheidung berufen ist, mag dieses seinen Spruch in gleicher Weise wie jedes innerstaatliche Gericht finden, wobei nur zweifelhaft bleibt, ob es wirklich möglich sein wird, wahrhaft unparteiische Richter zu gewinnen. Bei den meisten zwischenstaatlichen Streitfällen sind auch andere Staaten als die Streitteile mehr oder minder beteiligt, und jeder Richter ist, weil er einem bestimmten Volkstum angehört, auch mehr oder weniger in seinen Auffassungen völkisch gefärbt. Wie schwer es ist, gerecht zu sein, das lehrt gerade wieder die soeben veröffentlichte zweite Note des Präsidenten Wilson an Deutschland. Er erklärt, überall die Grundsätze strenger Gerechtigkeit walten lassen zu wollen, und macht sich doch ohne weiteres die Vorwürfe zu eigen, die ohne jeden Anhalt in der Wirklichkeit von der Verleumdung unserer Feinde gegen uns vorgebracht sind, Vorwürfe in bezug auf ruchlose Zerstörung französischer und belgischer Städte und auf Beschießung von Rettungsbooten im Untersee-Krieg. Wenn man annimmt, daß Präsident Wilson wirklich den vollen Willen zur Gerechtigkeit in sich trägt, dann ist dies eine sehr niederdrückende Erfahrung. Wenn er schon in diesem folgenreichen Augenblick der Weltgeschichte so parteiisch urteilt, was haben wir bei der auch nach dem Kriege noch nachwirkenden Aufwühlung der Leidenschaften von anderen Richtern zu besorgen?

Aber ich will davon absehen. Es wird sich in dem künftigen Völkerbund nicht bloß um gerichtliche Entscheidungen, sondern auch um sonstige Beschlüsse des Bundes selbst handeln. Der Völkerbund soll ja auch das Recht haben, Zwangsmaßregeln gegen den einzelnen Staat anzuordnen und Gesetze, die ihn binden, zu erlassen: wie sollen nun solche Beschlüsse, über die doch unter den einzelnen Staaten vielfach die größten Meinungsverschiedenheiten herrschen würden, gefaßt werden? Soll etwa die einfache Mehrheit der abstimmenden Staaten entscheiden? Das entspräche einer Modeströmung, aber wenn es schon bei einzelnen Menschen wegen ihrer Ungleichheit zur größten Ungerechtigkeit führt, wie viel mehr bei Staaten! Würden sich jemals Großbritannien und die Vereinigten Staaten gefallen lassen, daß ihre Stimme nicht mehr wöge als die von Monaco oder Montenegro? Oder soll das Stimmgewicht des einzelnen Staates nach der Zahl seiner Einwohner bemessen werden? Dann würden China und England mit Indien die weitaus mächtigsten Stimmen haben. Oder soll die Größe der Bodenfläche entscheiden? Dann kämen gerade die Staaten stärkster Kultur am schlechtesten fort. Ist nicht vielmehr nur denkbar, daß die Stimmenwerte der einzelnen Staaten nach ihren Machtverhältnissen abgestuft werden, wie sie jetzt bei Beendigung des Krieges tatsächlich vorhanden sind?

Damit trete ich auf den harten Boden der Wirklichkeit zurück und wende meine Augen wieder auf unsere eigene Lage. Zweierlei steht hier fest. Wie der Friede auch aussehen mag, den wir dereinst bekommen werden, er wird nicht ohne einen Völkerbund sein. Wilson hat sich darauf festgelegt, und die Stimmung der Völker steht überall unter dem Einfluß dieses Gedankens. Uns kann das, wenn nur unsere Stellung in dem Bunde gesichert wird, durchaus recht sein. Wir haben ja keinen höheren Wunsch, als eine möglichst lange Zeit ungestörten Friedens, damit wir die Wunden heilen können, die dieser Krieg uns geschlagen, damit wir weiter fortschreiten können zu den höchsten Gütern der Gesittung, damit wir uns wieder an der schönen Welt freuen können, denn der Mensch hat doch ein Recht auf Freude, und die Seele geht zugrunde, wenn ihr nicht nach all dem Schrecken wieder einmal Freude zuteil wird. Ebenso fest steht aber, daß die Feinde, wobei ich von Wilson ganz absehen will, den Bund nicht schließen werden mit dem hohen und reinen Willen der Gerechtigkeit, sondern im Gegenteil mit dem festen Willen, uns dauernd darniederzuhalten. Darum droht uns hier eine doppelte Gefahr. Sie werden versuchen, uns beim Friedensschluß an Rüstung, an Geld, an Land so zu schwächen, ja zu verstümmeln, daß Deutschland bereits als Macht untergeordneten Ranges in den Völkerbund eintritt. Und dann werden sie weiter seine Rechtsstellung innerhalb des Völkerbundes so zu gestalten suchen, daß sie die Macht bekommen, im Bund durch Mehrheitsbeschlüsse unsere Interessen achtlos beiseite zu schieben. Was sie durch das Schwert nicht erreichen konnten, werden sie dann unter dem Scheine des Rechts herbeizuführen wissen: die völlige Ohnmacht und Unterjochung Deutschlands.

Nun glaube ich zwar nicht an den langen Bestand des neuen Völkerbundes, welchen Inhalt er auch im einzelnen haben mag. Doch ich unterbreche mich hier, denn ich möchte mit dieser Bemerkung nicht mißverstanden werden. Ich verkenne keineswegs die Größe und den hohen Schimmer dieses Gedankens eines Weltstaatenbundes; ich will auch durchaus nicht sagen, daß nicht ein solcher Bund zum Zweck der Friedenserhaltung als dauernde Einrichtung künftig möglich sei. Wer wagt denn heute zu prophezeien? Die Zeit der beleuchteten Menschheitsgeschichte ist ja bisher nur so sehr klein, und vor uns liegen in der endlosen Zukunft noch so große Möglichkeiten der Entwicklung, daß nichts für ausgeschlossen erklärt werden darf. Ja, ich gehe sogar weiter: ich glaube, daß schon heute in gewissen Anzeichen ein Gebilde wie das der Vereinigten Staaten der ganzen Kulturwelt oder doch eines großen Teils der Kulturwelt am fernsten Horizont heraufdämmert. Aber ich spreche nur von dem Völkerbund, der aus diesem Weltkrieg unter den an ihm beteiligten Mächten entstehen soll. Und der wird, so meine ich, keine lange Dauer haben können. Wenn Deutschland durch den Friedensschluß ungerecht benachteiligt und in seinen Lebensmöglichkeiten beeinträchtigt wird, so ist von vornherein dem Körper des neuen Bundes ein Giftstoff beigemischt, der weiter gären und früher oder später furchtbar ausbrechen muß: Deutschland ist zu groß und geistig zu entwickelt, um auf die Länge unterdrückt zu bleiben. Aber auch davon abgesehen: ich denke nur an den Bund zwischen den anderen, den uns feindlichen Mächten. Was sie eint und geneigt machen würde, in den Völkerbund einzutreten, ist nur der gemeinsame Haß gegen Deutschland, nicht das Zielbild der Gerechtigkeit. Aller Haß ist aber auf die Länge unfruchtbar. Er ist stark im Zerbrechen, schwach im Aufbau. Wohl mag der Völkerbund kleinen Staaten gegenüber wirksam sein, er mag die Macht und auch den guten Willen haben, ihre Streitigkeiten zu schlichten und etwaige kriegerische Gelüste bei ihnen zu unterdrücken. Wie aber, wenn Interessengegensätze zwischen den großen Weltmächten selbst aufkommen, und zwar solche, die an ihre Lebensnerven herangehen? Der Stoff dazu ist ja überreich vorhanden und würde sich nur noch vermehren, wenn Deutschland erheblich geschwächt aus dem Kampfe hervorgehen sollte. Dann wird voraussichtlich der Völkerbund wie Zunder aufbrennen. Denn auch der

Beredsamkeit eines Wilson wird es nicht gelingen, aus reißenden Wölfen sanfte Lämmer zu machen. Die demokratische Verfassung dieser Staaten ist ja auch kein Vorbeugungsmittel gegen Krieg, wie uns Frankreich und die Vereinigten Staaten selbst gelehrt haben, und wenn auch die Völker jetzt noch unter dem Eindruck der Schrecken des Krieges stehend, nichts als Frieden wünschen, so pflegt ihr Gedächtnis doch kurz zu sein. Aber diese Zukunftsaussicht kann uns nicht trösten, denn bis der Bund wieder in Flammen aufgeht, kann schon für Deutschland unendliches Unheil geschehen sein. Darum müssen wir jetzt Vorsorge treffen, daß uns der Völkerbund nicht zum Unheil werde. Von dem Gerechtigkeitssinn unserer Feinde haben wir nichts zu hoffen; was uns helfen kann, ist nur Mut und Klugheit. Wir haben noch unsere Kraft und Stärke — es gilt, nur sie zu gebrauchen. Ohne das werden wir geknechtet sein, unser Reich wird zugrunde gehen, der deutsche Name wird auf immer verunehrt sein, und alles das an tiefsten Werten, was wir in dem heiligen Worte deutsches Vaterland zusammenfassen, wird verloren sein. Dazu soll es nicht kommen! Noch wollen wir hoffen!

Wir treten mit Beten vor Gott den Gerechten,
Er haltet und waltet ein strenges Gericht.

Das haben wir jetzt erfahren. Aber wir vertrauen auch auf die Verheißung:

Er läßt von den Schlechten nicht die Guten knechten!

Mit diesem Aufblick, in dieser Hoffnung, in diesem Vertrauen wollen wir alle jetzt, Männer und Frauen, an unsere vaterländischen Pflichten gehen.

Printed by Libri Plureos GmbH
in Hamburg, Germany